木と草のおもちゃデザイナー
小松 つよし

とことん はっぱあそび

 チャイルド社

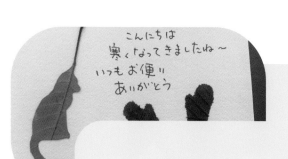

はじめに

　散歩に出かけると、必ずと言っていいほど何かを拾ってきてしまいます。子どもの頃からそうなのですが、手ぶらでは帰って来られないのです。ピカピカのどんぐりやきれいに紅葉した葉っぱ、虹色に輝く鳥の羽根と挙げたらきりがないのですが、素材を集めるというよりも、きれいだなと感じたものをそばに置いておきたいという思いがあるのだと思います。

　中でも身近な葉っぱは、四季を通じて拾ってきてしまいます。出かけるごとにほんの数枚程度ですが、惹かれるものを拾い上げてノートや本に挟んで連れ帰るのです。拾われた葉っぱは、栞にしたり、お便りを出す際のメッセージカードとして添えたりします。中にはそのまま忘れられてしまうものや、数年後にはらりと本の間から舞い降りてきて再会するものもあったりします。

　栞自体は、誰かに見せるというよりも、主には葉っぱをそのまま実用として使います。そして少し時間があるときに、ちょっとしたいたずら心で、鳥の形やヨットなどシンプルな形のものを切り抜いていました。下書きするわけでもなく、工作用のハサミでサクッと切って愉しんでいたのが、葉っぱあそびのはじまりです。葉っぱを思い通りに切り抜くことよりも、できた鳥やヨットに乗って、大空を飛び、航海に出られるかが葉っぱあそびの醍醐味で、葉っぱ一枚あれば、心はどこまでも放つことができました。

　さて、このところ保育園を中心に、自然観察や自然の素材を使ったワークショップなどを依頼されることが増えてきました。自然観察会では、触ってみて、匂いを嗅いで、角度を変えて眺めてみる、もっと近づいて虫眼鏡で覗いてみたり、落ち葉を踏みしめてみたり、決して珍しいことではないのですが、いろいろな感覚で感じること

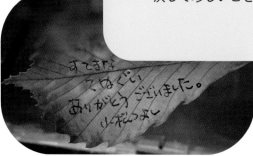

から入っていきます。その際、気を付けているのは、「いいにおいがする葉っぱだよ〜」など、こちらの感じたことを子どもたちに先行して伝えないことです。できるだけ手垢を付けないで、子どもたちに手渡すことを心がけています。

　子どもたちは、自分たちの知っている言葉を尽くして感じたことを伝えようとします。その姿は、本当にかわいいです。ある時、緑から黄色、赤、茶色と並べてあった葉っぱを見て年長組の男の子が、「あっ、葉っぱが枯れていく順番だ〜」と、つぶやいたことがありました。その言葉にみんなが集まって来て「本当だ、枯れていく順番だ〜」と触り始め、「こっちの方がカサカサしてる」「あっ、こわれた」と、葉っぱの微妙な変化について気づいたことをみんなで共有し、自分たちが発見したことに感動したことがありました。

　葉っぱあそびを楽しむ際には、単に素材を集めて何か形のあるものを創作するだけでなく、葉っぱと触れ合う時間を大事にしてほしいと思います。またその中で、触ると危険な葉っぱを覚えたり、採取するときのマナーも身に着けていってほしいと思います。さらに、葉っぱに限らず、季節の花や木の実や枝などの素材と組み合わせることで、表現の世界はどんどん広がってくれることでしょう。
葉っぱあそびに、「これが正解」というものはありません。本書が何かしらのヒントとなって、みなさんが独自の世界を展開してくだされば、幸いです。

2023年8月
小松つよし

Contents もくじ

Part 01
春・夏のはっぱあそび

Part 02
秋・冬のはっぱあそび

Part 03
はっぱでごっこあそび

はっぱあそび

の 注意点！

子どもと自然探索などをする際は、
危険がないか事前に下見を！

●かぶれる葉に注意

さわっただけでかぶれる葉があります。
〈かぶれる葉（一例）〉
ヤマウルシ、ヌルデ、ハゼノキ　など

●トゲのある葉や枝に注意

枝や葉にトゲのあるものはさわらないようにしましょう。
カヤなど細長い葉は、手が切れることがあるので注意します。

●ハチの巣、毛虫にも注意

事前に、ハチの巣がないか、
刺しそうな虫がいないかを確認します。
毛虫にも注意を！

ほかにも……
●よその家や公園の枝葉を勝手に取らないようにしましょう。
●葉を手に取ってあそぶ場合、農薬などをまいていないかも
　確認します。

はっぱあそびの前に
自然探索を楽しもう！

はっぱあそびは、自然への興味を広げるきっかけの一つです。
まずは、自然の中にあるはっぱとたくさん触れ合いましょう。

まずは絵本で、
ワクワク感を高めよう

絵本や図鑑で、花や葉など、植物への興味を高めてから探索に出かけましょう。部屋で読んでからでも、公園で読んでもOKです。
今回選んだのは、『はっぱじゃないよ　ぼくがいる』。子どもたちと、いろいろな「顔」を探しにいきます。

探しに
行こう！

はーい

『はっぱじゃないよ
ぼくがいる』
大型本
姉崎一馬／文・写真
アリス館

ほかにも、14-15ページでおすすめの絵本を紹介しています。

見たり、さわったり、においをかいだりしてみよう

「いろいろな形のはっぱがあるね」「においはするかな?」「さわってみようか」などと声をかけて、よく見たり、においをかいだり、さわったりしてみましょう。はっぱに注目しながら歩くだけで、これまで気づかなかった発見がきっとあります。

いろいろな顔のはっぱを探そう

たくさんのはっぱをよく見ると、虫に食べられたりして穴があいているものがたくさんあります。中にはどことなく「顔」に見えるものも。みんなで「顔」を探して、見つけたら「どんな顔？」「笑ってる？」「怒ってる？」などと話をしてみましょう。

「あ」っていう顔！

困った
顔

木の内側から見上げてみよう

普段は外側から眺めることが多い木々やはっぱ。木の下に入り、下から見上げてみましょう。見る方向を変えるだけで、いつもと違う風景が見え、探求心がわいてきます。感じたことを自由に言葉にしてみましょう。

散歩が もっと 楽しく なる絵本

「探しに行きたい！」「やってみたい！」……。
散歩に行きたくなる絵本を紹介します。

『いろいろはっぱ』
小寺卓矢／写真・文
アリス館

丸や三角、ハート、星みたいな形など、いろいろな形のはっぱがたくさん登場。緑のはっぱが落ち葉になって土に返り、また次の葉が生まれるところまでが描かれています。

散歩で楽しもう!!
どんな形のはっぱ があるかな？

「いろいろな形のはっぱを見つけよう！」と話して散歩に出かけましょう。はっぱを見つけたら、「何の形かな？」「何に見える？」と形に注目します。

散歩で楽しもう!!
はっぱの 「宝探し」

「今日のお宝は、三角のはっぱだよ」などと伝えて、探すはっぱをお宝に見立ててあそんでみましょう。

『あきぞらさんぽ』

江頭路子／作
講談社

落ち葉の上をかさかさ音を立てて歩いたり、どんぐりやはっぱが落ちてくる様子をまねしたり……。秋の散歩を楽しむ前に読みたい絵本です。

『どんぐりころちゃん』

正高もとこ／作・絵
すずき出版

どんぐりのころちゃんが歩いていると、むこうから別のどんぐりが歩いてきました。「ぼくもころちゃんだよ」と、そのどんぐりが言うわけとは？　いろいろな種類のどんぐりと出会えます。

散歩で楽しもう!!

どんな音

落ち葉を踏みながら歩くときの音、風ではっぱがゆれるときの音、はっぱが落ちてくるときの音……。実際には聞こえない音も、イメージを言葉にしてみましょう。

散歩で楽しもう!!

どんぐりのくらべっこ

いろいろなどんぐりを拾ったら、大きさや形を比べてみましょう。種類ごとに仲間分けをしても楽しいです。

散歩で楽しもう!!

まねっこしよう

絵本では、どんぐりやはっぱが落ちてくる様子をまねっこしています。同じように、はっぱの気分になって「ゆらゆらゆらーん」とまねっこしてみましょう。

散歩で楽しもう!!

青いどんぐり（実）を探そう

夏の散歩でどんぐりを探してみましょう。秋にたくさんのどんぐりを落とす木を見上げると、青いどんぐりがたくさんついています。下に落ちていることもあります。

PART 1

ことばあそびはっぱ

春・夏の
はっぱあそびの
ポイント

その場でぱっと作ってみよう

緑色のはっぱは生葉で、水分量が多いのが特徴です。拾ったり
摘んだ葉は半日でしなびてしまうので、その場で楽しむのがお
すすめです。
作ったものを残したいときは、写真を撮って画像で残しましょ
う。

緑の色の違いを楽しもう

同じ緑色でも種類によっていろいろな緑色があります。また、
木の外側から見たときと幹側から見たときでも色が違います。
光を透かして見ても、違った色に見えます。

1 せんたくごっこ

晴れた日は、はっぱのせんたく日和です。
両手を使って、はっぱをたくさん干しましょう。

ひらひらひら ぱたぱたぱた

あそびのヒント

● 子どもの指先の力によって、扱いやすいせんたくばさ
みを用意しましょう。

● 緑のはっぱだけでなく、花びらや落ち葉などを干して
もいいですね。

はっぱさん、気持ちよさそうね

木と木の間に麻などのひもを張って、はっぱをせんたくばさみでとめていきます。

だれのお洋服か・な？

はっぱを、シャツやズボンなどの形に切ってみましょう。子どもたちの想像の世界が広がって、楽しい物語が生まれそうです。

2 はっぱの パラソル

透明や半透明のビニールがさにはっぱを貼り、
空に向かって高くさしてみましょう。

空にはっぱが浮かんでる!

あそびのヒント

● グループに1本ずつかさを用意して、みんなでたくさんのはっぱを貼りましょう。

● 少し見栄えは悪くなりますが、セロハンテープなどで貼ってもOKです。空に広がるはっぱを楽しみましょう。

はっぱにのりをつけ、かさの上に貼っていきます。薄いはっぱのほうが貼りやすいです。外側だけでなく内側にも貼ってみましょう。

はっぱが
たくさん
並んだね

落ち葉でも！

雨の日にはのりを使わずに「はっぱのパラソル」ができます（濡れていると、のりはつきません）。

21

3 はっぱの ティアラ

好きな色や形のはっぱを飾って、一人ひとり、
自分だけのティアラを作りましょう。

\わたしのティアラ♡　はっぱの妖精だよ/

あそびのヒント

●好きな形や色のはっぱを自由に貼っていきましょう。台紙
　の色を選べるようにしても。
●両面テープを貼った台紙を持って出て、公園などではっぱ
　を拾いながら作り、そのあとで、かぶってあそびましょう。

台紙の両面テープに、自由には
っぱを貼っていきます。貼り終
わったら、保育者が輪ゴムなど
でかぶれるように仕上げます。

お気に入り
のはっぱを
たくさん
貼ってね

\落ち葉でも!/

4 うさぎのパペット

エノコログサと大きめのはっぱを使ったうさぎのパペットです。
みんなでごっこあそびを楽しんでもいいですね。

\ ピョンピョン こんにちは— /

あそびのヒント

● 最初は保育者がパペットを手にして話しかけ、子ども
たちの興味を向けましょう。

● エノコログサは、種がつく前のやわらかいものを選ぶ
と作りやすいです。

穂先の長いエノコログサを
2本一緒に結び、うさぎの
顔を作ります。茎をはっぱ
に通せばでき上がり。

うさぎの作り方

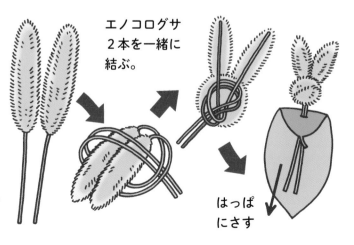

エノコログサ
2本を一緒に
結ぶ。

はっぱ
にさす

エノコログサを使ったあそ
びは、『とことんエノコロ
グサあそび』(チャイルド社)
でたくさん紹介しています。

5 大きな はっぱの おめん

ホオノキの葉など、大きなはっぱに目と口をあければ、
おめんができ上がります。

\ だーれだ？ /

あそびのヒント

● 「いないいないばあ」であそべば、小さな子どもも大喜
びです。

● はっぱを顔につけるのをいやがる子どももいます。少
し離して持つように伝えましょう。

だれの
声かな？
あてっこ
しよう

大きな葉に穴をあけて目と
口を作ります。丸い目や細
長い目、笑った口や大きく
開けた口など、表情を変え
ても楽しいです。ホオノキ
のほかにも、キリやフキの
葉などでもできます。

影あそびも

6 はっぱの こすり絵

バインダーと薄紙、色鉛筆をかばんに入れて公園に。
こすり絵を楽しみながら、はっぱの形やもように興味を向けましょう。

シュッシュッシュ

何が出てくるかな？

あそびのヒント

● 最初に保育者がやって見せながら、紙の上からやさし
く色をぬることを伝えましょう。

● 筆記具を変えたり紙の厚さを変えたりして、でき上が
りの違いを比べてみても楽しいです。

バインダーと薄紙の間にはっぱを挟んで、薄紙の上から色えんぴつでやさしくこすります。スケッチはまだむずかしくても、こすり絵ならかんたんにできます。はっぱの葉脈に気づくなど、観察力もアップします。

クレヨンで
やったら
どうなるかな？

こすり絵を
切って
紙のはっぱが
できた！

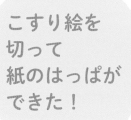

ほかにも緑のはっぱで

緑のはっぱの色や形などを生かして、
いろいろ楽しんでみましょう。

はっぱのカエル

はっぱの色を生かして、カエルの切
り絵を作ってみました。なんとなく
形を切って、サインペンで目と口を
描くだけです。窓に貼っても。

はっぱの器

大きなはっぱをクルリと巻いて枝で
止めれば器ができます。小さな木の
実などを入れるのにぴったり。

干し草作り

シロツメグサ（白詰草）の名前の由来は、乾燥したクローバーを緩衝材として使用したことから。由来にちなんでクローバーを乾燥させて箱に敷いてみました。

はっぱと花の
お弁当

「お弁当の材料を探しにいこう」と散歩に行き、草花も一緒に小さな箱につめて、「お弁当」を作ってみましょう。

PART 2

秋・冬の
はっぱあそび

秋・冬の
はっぱあそび の
ポイント

いろどりを楽しもう

秋のはっぱあそびのおもしろさは「いろどり」。
さまざまな木が紅葉しますが、中でもおすすめはサクラです。
サクラの紅葉は、黄色、オレンジ、赤色が混ざり合い、1枚1枚違った色あいが楽しめます。

たくさんの落ち葉で
ダイナミックにあそんでみよう

落ち葉の季節には、たくさんの落ち葉を集めて、ダイナミックにあそんでみましょう。

1 落ち葉の すかし見

透明なソフトケースに落ち葉を挟んで、空に向けて見てみましょう。
光に透けて葉脈がくっきり見え、落ち葉の色も違って見えます。

\落ちているときより/

/きれいに見える!\

あそびのヒント

●Ａ５サイズのソフトケースに、はっぱを３枚ほど
挟んでみましょう。１枚２枚と追加して、見え方
の変化を楽しみましょう。

いろいろな色の落ち葉を集めてから、子どもが好きなのを選んでケースに入れていきます。落ちている（置いてある）ときと、かざして見たときの違いに気づけるよう、声をかけましょう。

空に向けて見ると、何が違うかな？

太陽を見ないでね

太陽を直視しないように注意しましょう！

2 落ち葉の ステンドグラス

「落ち葉のすかし見」（34〜35ページ）を楽しんだら、
今度は、ステンドグラス（作品）にしてみます。

＼はっぱがお魚になった！／

あそびのヒント

- まずは、「落ち葉のすかし見」の状態でステンドグラス用の台紙を重ねて、イメージをふくらませてみましょう。製作は部屋に戻ってからおこなっても。
- 台紙は、子どもが好きな形を選べるようにすると喜びます。

黒い紙を、魚や鳥などシンプルな形に切り抜いて台紙にします。切り抜いたところを埋めるように落ち葉を貼っていきます。少し重ねながら貼るのがポイント。

どんなもようのお魚になるかな？

\いろいろな形で!/

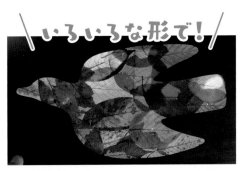

3 落ち葉の カラフルピザ

おいしそうな色の落ち葉を探してピザを作ってみましょう。
紙皿に落ち葉をちぎって貼るだけです。

できたてピザ、いかがですか〜？

あそびのヒント

● カラフルなピザになるよう、いろいろな色のはっぱを
　探しましょう。

● 「石窯に入れます」「あつあつのピザが焼けましたー」
　などのやりとりをして、ごっこあそびも楽しいです。

おいしそう！

食べたい
なー

紙皿にのりを広げておき、ちぎった落ち葉を並べていきます。さとうきび繊維を再利用した素材の紙皿を使うと、よりピザらしい仕上がりになります。

どうぞ！

大きなはっぱ
を使って！

4 落ち葉の **色並べ**

たくさん落ち葉を集めたら、色に注目してあそんでみましょう。
落ち葉の色相関図です。

どの色に似てるかな？

あそびのヒント

● 最初に保育者が並べて見せてから、子どもたちがおこなうと理解
がしやすいです。色がわかりやすいはっぱを選んで始めましょう。

● 悩む時間を大切にし、色を比べることを楽しみます。

どのはっぱと
色が似ている
かな？

白い布を広げ、最初に、黄色、赤色、緑色のはっぱを置きます。次に、一人ずつ順番にはっぱを並べていきます。「どっちのはっぱに色が似ているかな？」「黄色のはっぱに似ているね」などとヒントを伝えながら、似ている色のはっぱのとなりに置いていきましょう。

同じ色を
たくさん
集めて！

大きさ比べも！

ステンドグラス風に

5 落ち葉の **おめん**

落ち葉でおめんを作りましょう。乾燥した落ち葉はハリがあるので、
冠やたてがみ、ひげなども、かっこよく仕上がります。

\ガオー！かいじゅうだよ/

あそびのヒント

● 紙皿の下1/3をカットして作ると、子どもの口元が見
えて表情がわかります。鼻の部分を切り抜くと、鼻が
つぶれません。

● 「動物の顔を作ろう」などとテーマを決めるて作ると、
ごっこあそびが広がります。

強そう
だね！

落ち葉にのりをつけ、紙皿
や画用紙などの台紙に貼っ
ていきます。しっかり乾燥
した落ち葉を使えば、作品
として飾っておくこともで
きます。

おめんをかぶると
視野が狭くなるので、
かぶったまま走らない
ように注意しましょう。

6 落ち葉で 大型アート

風の弱い日を選んで、園庭をキャンバスに、落ち葉で大きな絵を描いてみましょう。子どもたちと記念撮影も忘れずに。

くじらの背中にのったよ〜

●絵を描くときは、全体像をイメージして、線を
描いてから集めた落ち葉を広げましょう。
●お昼寝の時間や屋内活動の間に描いて、子ども
たちに披露すると盛り上がります。

少し離れて
見てー。
なんの絵だ？

落ち葉の季節が始まったら、乾燥
している日を選んでこまめに袋に
ためていきます。落ち葉が十分に
たまった（全部落ち切った）ころ
に、園庭をキャンバスにして落ち
葉の絵を完成させましょう。テー
マは、くじらや恐竜などの大きな
生きもの、飛行機や船など大きな
乗り物がおすすめです。

落ち葉で大型アートいろいろ

おもしろい写真を撮ったり、道や公園に「くねくね道」を作ったり、
自由な発想で、落ち葉の大型アートを楽しみましょう。

＼きょうりゅうのしっぽで寝てみたよ／

きょうりゅう　　　大型アートを楽しんだら、映える撮影を忘れずに。
人を入れて撮ると、大きさが実感できます。

くねくね道

落ち葉の道を作って、みんなで歩いてみましょう。
ぐちゃぐちゃに崩しながら歩くのも楽しいです。

どんな
感じ？
どんな
音？

ほかにも落ち葉で

落ち葉の色と特徴を生かして、いろいろ楽しんでみましょう。

お絵かき

落ち葉のお絵かきは、自由に、何度でも描き直せるのがおすすめポイント。保育者が描いてみせると、子どもたちもすぐに始めます。

イチョウの家族

イチョウのはっぱに顔を作っただけでこんなに楽しいオブジェに。いろいろな表情で作ってみてください。

落ち葉のちょう

1枚1枚異なる落ち葉の色や模様を生かして、ちょうを作ります。白い画用紙に貼れば、落ち葉の色が生きるカラフルな作品になります。

落ち葉のオブジェ

「きれいだな」「おもしろいな」と思った落ち葉をしっかり乾かして額に飾りました。形に切り抜いた台紙に裏から落ち葉を貼るだけでも秋らしいオブジェに。

秋色のコート

落ち葉をコートの形に切って、別のはっぱの先にかけてみました。あそんでいる子どもが気づいてくれるかな？

PART 3
はっぱで
あそび

はっぱで ごっこあそび の ポイント

失敗したら土に返そう

落ち葉で何かの形を作ることに正解はありません。自由に切って、うまくいかなかったら土に返せばよいのです。思うままに楽しみましょう。

落ち葉は乾燥させてから使おう

ごっこあそびの作品には、落ち葉を乾燥させてから使うのがおすすめです。切ったり貼ったりなどの扱いがしやすく、色も長持ちします。

「落ち葉を乾燥させる方法」は、63ページで紹介しています。

1 レストラン

落ち葉のカラフルな色は、「お料理」作りにぴったり。「この色の
食べもの何かな？」などと話しながら、イメージを広げましょう。

何が食べたい？ 作ってみよう！

サクラの葉を形に切って、つまようじでふちをつつくとギザギザができます。

あそびのヒント

●保育者が、子どもたちのヒントになるような作例を見
　せると、子どもは自由な発想で作り始めます。
●保育者が落ち葉でたくさん作っておき、子どもが紙皿
　などに自由に盛りつけても楽しいです。
●色紙を切るイメージで切るとよいでしょう。

おいしそう♪

緑色の葉以外の、黄色、オレンジ色、赤色の葉はすべてサクラの葉です。

落ち葉を食べものの形にはさみで切ります。赤いはっぱはトマトやサツマイモ、黄色いはっぱはフライや卵料理、カレー、茶色のはっぱはハンバーグなど。細く切れば、パスタや千切り野菜にもなります。

2 アイスクリームやさん

いろいろな色のはっぱをアイスクリームに見立てます。茶色のはっぱのコーンにのせればできあがりです。

＼はやく食べないと／

斑入りの葉や濃淡のある葉を使うとおもしろい。

あそびのヒント

● 2つの形を作るだけでできます。保育者がどんどん切って、子どもたちが完成させていきましょう。

● 葉脈を縦に使ったり横に使ったりするだけでも雰囲気が変わります。

茶色の落ち葉でコーンを作り、いろいろな色のはっぱをアイスクリームの形に切っていきます。画用紙にコーン部分を貼っておき、「この上にどんなアイスをのせようか」などと話をしながら、アイスをのせて（貼って）いきましょう。

これは
何味
かな？

＼溶けちゃうよ〜／

形を切って残っ
た部分を細かく
してトッピング
にしました。

お店やさん いろいろ

落ち葉の色や葉脈を生かして、いろいろなものを作ってみましょう。
たくさん並べるのがポイントです。

何のお店やさんになろうかな？

「おすし」は色からネタを
イメージして長四角に、パ
ンやクッキーは形をイメー
ジして切るだけ。たくさん
作って並べてるとそれらし
く見えてきます。

おすしやさん

ざっかやさん

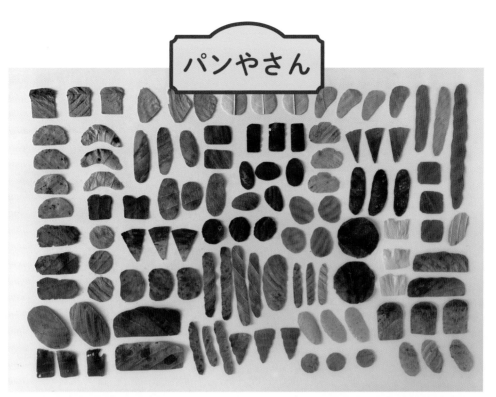

パンやさん

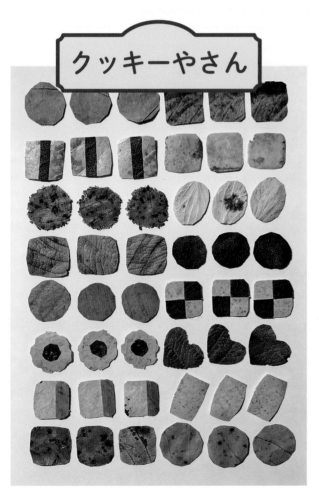

クッキーやさん

額に入れて飾っても

3 落ち葉で お話の世界

落ち葉のペープサートを作ってみましょう。公園などでさっと切って、
「うさぎさんピョンピョン」などと走らせるだけでも楽しいです。

はじまりはじまり～

あそびのヒント

● 「この動物さんだーれだ？」「何をしているところかな？」
　などと聞いてお話を進めましょう。
● 「みんなもはっぱで何か作ってみようか」などと、落
　ち葉あそびに興味をもつきっかけにしてもいいですね。

しっかり乾燥させた落ち葉を、絵本の絵柄を参考にしながら
形に切ります。

4 きせかえごっこ

落ち葉で洋服や帽子、くつなどを作って、きせかえごっこを楽しみましょう。
季節を感じられるきせかえごっこになります。

\どんなお洋服が似合うかな？/

あそびのヒント

● 子どもが自由に切る姿を見守ります。
● 落ち葉だけにこだわらず、折り紙などと組合わせても
　よいでしょう。

落ち葉で、洋服や帽子、くつなどを作ります。画用紙に顔と体の線を描き、きせかえてあそびます。貼って作品にしても。

色をそろえて

きせかえパーツいろいろ

きせかえのパーツは、色や葉脈を生かしながら、たくさん作ってみましょう。

ワンピース

落ち葉を乾燥させる方法

キッチンペーパーや新聞紙でもできますが、市販の乾燥シートがおすすめです。

乾燥シート（またはキッチンペーパーなど）に落ち葉を重ならないように並べ、上からも乾燥シート（またはキッチンペーパーなど）ではさみます。

重石をおいて、4〜5日かけてしっかり乾燥させます。

ぼうし

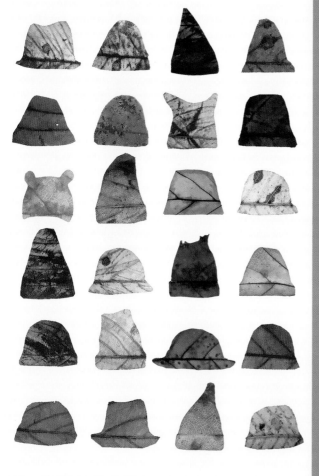

小松つよし（こまつつよし）

木と草のおもちゃデザイナー、森林インストラクター、自然観察指導員、小松おもちゃ工房主宰。
長野県松本技術専門校（木材工芸科）非常勤講師、NHK文化センター「つくってみよう木のおもちゃ」講師、信州大学（作業療法学専攻）非常勤講師などを歴任。
著書に、『とことんエノコログサあそび』（チャイルド社）、『おもちゃ文庫をつくる』（創和出版）、『大人が作って遊ぶ木のおもちゃ』（共著、日本放送協会）などがある。

STAFF

撮影：小口隆志、小松つよし
装丁・デザイン：平塚兼右（PiDEZA Inc.）
イラスト：種田瑞子
編集協力：こんぺいと幼児教室
編集：こんぺいとぷらねっと
印刷：宮永印刷

撮影協力

浦本知佳、斉藤美桜、斉藤 尊

とことんあそぶっく

とことんはっぱあそび

2023年9月1日　第1刷発行

著　者　小松つよし ©
発行人　柴田豊幸
発行所　株式会社チャイルド社
　　　　〒167-0052　東京都杉並区南荻窪4-39-11
　　　　TEL 03-3333-5105
　　　　http://www.child.co.jp/